RÈGLEMENT DE MANŒUVRES

DE

L'INFANTERIE JAPONAISE

(2ᵉ PARTIE)

Traduction du Commandant PAINVIN

De la Section technique de l'Infanterie

(Extrait de la *Revue d'Infanterie*.)

PARIS
HENRI CHARLES-LAVAUZELLE
Éditeur militaire
10, Rue Danton, Boulevard Saint-Germain, 118

(MÊME MAISON A LIMOGES)

PROJET DE RÈGLEMENT DE MANŒUVRES

DE

L'INFANTERIE JAPONAISE

(2ᵉ PARTIE)

PROJET DE RÈGLEMENT DE MANŒUVRES

DE

L'INFANTERIE JAPONAISE

(2ᵉ PARTIE)

Traduction du Commandant PAINVIN

De la Section technique de l'Infanterie

(Extrait de la *Revue d'Infanterie*.)

PARIS

Henri CHARLES-LAVAUZELLE

Éditeur militaire

10, Rue Danton, Boulevard Saint-Germain, 118

(MÊME MAISON A LIMOGES)

PROJET DE RÈGLEMENT DE MANŒUVRES

DE

L'INFANTERIE JAPONAISE

LE COMBAT

INTRODUCTION

174. — Les formations simples, prescrites par le règlement (1ʳᵉ partie), permettent d'obtenir l'uniformité et la perfection dans les exercices d'infanterie ; il faut donc, pour se conformer à l'esprit du règlement, s'en tenir rigoureusement à ses méthodes et les appliquer judicieusement selon les exigences du combat.

175. — Dans les exercices de combat, le directeur doit toujours fixer le but à atteindre et la situation générale; il règle d'après ces données l'exécution de la manœuvre, en tenant compte en même temps de la mission à remplir, de l'effectif de la troupe et de la nature du terrain. L'indication très claire du but de l'action est donc d'une importance capitale.

Tout en fixant la mission générale à remplir, le directeur doit aussi avoir soin d'établir un thème aussi simple que possible comprenant une ou plusieurs phases du combat. Il est également nécessaire d'envisager la coopération de la troupe avec d'autres corps, car, en général, il est bien rare qu'une unité combatte isolément et, par suite, dans la majorité des cas, on n'a le choix ni du temps, ni de la direction, ni du terrain, etc.

176. — La troupe est exercée à prendre les formations prescrites par le règlement, de préférence sur le champ de manœuvres. L'application de ces formations se fait également sur le champ de manœuvres pendant la première période d'instruction ; mais, dès que la troupe est suffisamment exercée, on la conduit le plus fréquemment possible en terrains variés, où elle utilise la nature du sol.

L'application des différentes formations sur le champ de manœuvres est limitée au déploiement, à la répartition des lignes en profondeur et à la mise en vigueur des principes concernant l'exécution du combat. A cet effet, on ne doit tenir aucun compte de la nature du terrain de manœuvres.

En terrains variés, on s'efforce de rendre les exercices profitables à l'instruction de la troupe, en envisageant les hypothèses les plus diverses et en mettant en pratique les principes énoncés par le règlement. Cependant, dans tous les cas, on évite avec soin de faire des hypothèses trop strictes ou invariables, afin que l'exercice ne tombe pas dans le formalisme.

Il est bon de séparer nettement les phases du combat et d'exercer la troupe à chacune d'elles, en particulier quand le terrain sur lequel on manœuvre est trop petit pour permettre le développement complet d'une action.

177. — Il est nécessaire d'exécuter fréquemment des exercices de nuit avec des corps de troupe d'effectifs différents, de manière à habituer tous les chefs aux di-

verses mesures préliminaires que comportent les opéra-
tions de cette nature et plus spécialement à l'élaboration
du thème et des ordres. Il faut, en outre, que les troupes
s'habituent a gagner n'importe quel point avec ordre et
avec calme, sur tous les terrains.

178. — Dans les exercices de combat, la ligne ennemie
est figurée par un petit nombre d'hommes et par quelques fanions ; les emplacements et la marche des troupes
ennemies de seconde ligne sont aussi parfois indiqués.
Souvent, pour donner au dispositif de l'adversaire un
aspect se rapprochant davantage de la réalité, on fait
usage de cibles de tir pouvant être maniées par un petit
nombre d'hommes. Enfin on exécute des manœuvres à
double action en donnant aux deux partis un effectif à
peu près égal.

Quand l'exercice de combat est exécuté par une petite
unité, il est nécessaire de s'assurer que les hommes tiennent compte des dimensions des cibles en ce qui concerne le genre de feu à exécuter et l'emploi du fusil. A
cet effet, la ligne ennemie doit être la représentation
aussi exacte que possible de la réalité.

179. — Dans les exercices de combat, on exécute rigoureusement le tracé et le profil des ouvrages en terre ;
mais on ne les construit pas réellement.

180. — C'est en faisant un choix judicieux des
formations et en utilisant au mieux le terrain selon les
circonstances du moment, que l'on donne à un exercice
de combat le plus de ressemblance à une action réelle.
En choisissant les formations, il importe au plus haut
point d'avoir en vue : premièrement le rendement maximum de nos armes à feu, et secondement la diminution
de la vulnérabilité de nos troupes.

Dans les exercices de combat, il peut arriver que l'action se déroule trop précipitamment, et que l'on fasse

des mouvements qui seraient inexécutables dans la réalité. Cet état de choses est dû à l'absence de danger et d'autres influences déprimantes qui se font sentir sur le champ de bataille. C'est pourquoi, même pour un exercice auquel prend part un faible effectif, il est nécessaire d'une part de désigner un arbitre qui tient tous les chefs au courant des effets supposés du feu de l'ennemi, et d'autre part d'obliger ces chefs à diriger l'exercice d'une manière rigoureusement pratique.

181. — Dans tous les exercices et durant le cours de l'instruction, il est indispensable d'inculquer aux fantassins le désir de l'attaque, de leur apprendre à faire rendre au fusil son maximum d'efficacité et de les habituer à marcher à l'assaut avec autant de courage que d'intrépidité, à tout instant et selon la volonté du chef.

182. — L'instruction du temps de paix a pour but essentiel d'encourager et de développer l'esprit de corps et d'affermir la discipline par tous les moyens. Une application rigoureuse des différentes formations dans les divers exercices peut contribuer pour beaucoup à l'obtention de ce résultat.

De toute négligence sous ce rapport, si petite soit-elle, il résultera que les exercices non seulement ne répondront pas aux exigences du combat, mais seront même préjudiciables au but de l'instruction.

Les formations prescrites par le règlement n'étant que des modèles convenant aux cas les plus simples, il est nécessaire de les modifier selon les phases du combat et la nature du terrain ; il faut alors maintenir l'ordre le plus complet, même si les différentes unités sont mélangées.

183. — Chaque fois que c'est possible, on a soin de ménager les forces physiques des soldats, car on peut être obligé à un moment donné de demander à la troupe des

efforts excessifs et se trouver dans l'impossibilité de lui
éviter la fatigue.

184. — Tout officier supérieur passant une inspection
a le devoir de s'assurer du degré d'instruction de la
troupe et de son chef, sous le double rapport de la pra
tique et de l'application des formations et des principes.

Les manières de voir et les observations critiques d'un
officier inspecteur exercent une influence remarquable
sur les progrès de l'instruction et sur le perfectionnement
des troupes.

185. — Dans les exercices de combat auxquels prennent part effectivement les différentes armes, aussi bien
que dans ceux ou leur coopération n'est que supposée,
on fait varier les situations de guerre ; on sera alors nécessairement forcé de sortir des limites fixées par le rè
glement. Mais ce dernier, qui n'est nullement un traité
de tactique prévoyant tous les cas, ne donne que des
principes simples devant servir de base à la conduite
d'un combat d'infanterie. Toutefois, les troupes seront
aptes à remplir leurs diverses obligations pendant le
combat réel, si elles connaissent à fond les principes
exposés par le règlement. Seule une instruction donnée
dans ces conditions est conforme au but que l'on se propose. Elle permet aux troupes de faire face aux exigences de la guerre et de ne rien oublier sur le champ de
bataille de ce qu'elles ont appris en temps de paix.

CHAPITRE Ier

Principes généraux.

186. — La coopération judicieuse des différentes armes pendant le combat contribue à produire des résultats favorables. Cependant l'infanterie, étant la principale arme combattante, l'arme qui décide du sort de la bataille, doit pouvoir mener le combat avec ses seuls moyens quand le concours des autres armes lui fait défaut.

187. — Le combat d'infanterie est très pénible et très meurtrier ; aussi l'infanterie doit-elle nécessairement avoir une grande endurance physique et morale. C'est au moment où le succès, ou la défaite, est sur le point de se décider, que le combat devient le plus sanglant. Si donc, à ce moment, nous continuons la lutte, nous remporterons la victoire, en obligeant l'ennemi, qui se trouve lui-même dans une situation aussi critique et peut-être plus critique que la nôtre, à renoncer à l'idée de nous résister.

188. — Les procédés de combat de l'infanterie sont le feu et le choc (c'est-à-dire le corps-à-corps). Le choc est absolument nécessaire pour amener la décision, et le feu joue le plus grand rôle pendant le cours de l'action. L'ordre dispersé est la formation qui permet le mieux d'utiliser toute la puissance du feu ; l'ordre serré, au contraire, expose les troupes à de grosses pertes et ne convient pas à l'emploi de l'arme, de telle sorte que les feux sont très rarement exécutés dans cette formation.

189. — L'infanterie doit pouvoir combattre sur tous les terrains praticables à la troupe. Il faut aussi qu'elle puisse franchir tous les obstacles, même les plus difficiles, avec armes et bagages. L'ordre dispersé permet aux fantassins de satisfaire à cette exigence.

190. — Sur le champ de bataille la principale formation de l'infanterie est l'ordre dispersé, formation dans laquelle cette arme non seulement engage le combat, mais très souvent aussi le mène jusqu'au bout. Toutefois le commandement d'une troupe en ordre dispersé présente certaines difficultés qu'augmentent encore notablement les terrains coupés et couverts et le vacarme de la bataille. Vaincre ces difficultés constitue une des tâches les plus ardues dans l'instruction des troupes ; aussi l'exécution des mouvements en ordre dispersé permet-elle d'apprécier le degré d'instruction et de discipline d'une troupe, car plus le soldat échappe à la surveillance de ses chefs, plus il doit agir de sa propre initiative. C'est pourquoi les hommes doivent être exercés à manœuvrer beaucoup plus en ordre dispersé qu'en ordre serré.

191. — Toute formation en ordre serré donne au chef la possibilité de conserver sa troupe bien en main et de la manier à sa volonté en la rassemblant sur un espace restreint. Les formations en ordre serré conviennent donc aux soutiens de la chaîne de tirailleurs et aux troupes que l'on conserve en réserve prêtes à combattre. Néanmoins les formations en ordre serré ne doivent être employées sur la première ligne que dans des cas absolument exceptionnels.

Combat en ordre dispersé.

192. — Au combat, il est d'une importance capitale de prendre le contact avec l'ennemi tout en conservant sa

liberté d'action. A cet effet, on doit toujours faire reconnaître, sans interruption, la situation de l'adversaire et la nature du terrain. En outre, il faut ne mettre en ligne, au début de l'action, que de faibles forces, et ne jamais déployer prématurément les troupes.

193. — Il s'agit ensuite de décider si l'on va livrer un combat traînant ou engager immédiatement une action décisive. Dans ce dernier cas, il est nécessaire de donner au feu son maximum d'intensité dès le début. Le meilleur moyen d'obtenir ce résultat est de déployer une ligne de tirailleurs plus étendue et plus dense que celle de l'ennemi. Il ne faut pas cependant donner à cette ligne une extension exagérée. Si un corps de troupe a un front trop étendu, la densité de la ligne de tirailleurs sera encore diminuée par suite dès pertes, et finalement il ne pourra pas conserver la supériorité du feu.

En conséquence, une compagnie sur le pied de guerre doit couvrir un front ne dépassant pas beaucoup 150 mètres de largeur, afin que sa ligne de tirailleurs conserve une densité suffisante et soit en mesure d'exécuter une action décisive. Quant aux troupes qui ne sont pas destinées à livrer un combat décisif, elles peuvent avoir un front plus étendu, surtout si elles disposent d'un bon champ de tir.

194. — On peut, au début de l'engagement, donner à la ligne de tirailleurs une densité d'importance variable, qui augmente nécessairement, par suite des renforcements, dès que la lutte bat son plein.

Si le terrain est assez couvert pour que l'on puisse espérer se rapprocher facilement de l'ennemi, on peut donner tout de suite une certaine densité à la ligne de tirailleurs. Si, au contraire, on est obligé de franchir une grande distance sous le feu de l'ennemi, il est parfois judicieux, afin d'éviter des pertes, de pousser successi-

vement en avant plusieurs lignes minces de tirailleurs
sur le point choisi pour l'attaque, et de constituer ainsi
progressivement une chaîne épaisse.

195. — On renforce la chaîne quand il y a lieu de
maintenir ou d'accroître la puissance de feu d'une ligne
de tirailleurs subissant des pertes. Quelquefois, il y a
avantage à prescrire un renforcement pour déterminer
une poussée en avant des tirailleurs tant soit peu démo-
ralisés.

196. — Quand les ailes de la ligne de combat ne s'ap-
puient pas à un corps voisin ou à des obstacles naturels,
il faut toujours envoyer des patrouilles de combat com-
mandées par des chefs intelligents, avec mission de surveiller les flancs.

197. — Le choix de l'objectif sur lequel on doit tirer
dépend de la valeur tactique de ce dernier. Dans beaucoup de cas, c'est l'infanterie ennemie nous faisant face
qui constitue l'objectif le meilleur. Toutefois, il ne faut
jamais négliger le tir contre l'artillerie de l'adversaire.

198. — Le feu ne doit être réellement ouvert que lorsqu'on peut espérer en obtenir des effets suffisants, ou
bien dans le cas où la marche d'approche coûterait cher
si l'on ne tirait pas sur l'ennemi.

Des troupes bien disciplinées ne doivent jamais tirer
au hasard quand leur feu ne peut être efficace ; il faut
qu'elles restent calmes et impassibles, même sous les
balles.

199. — Dès le début de l'action par le feu il est nécessaire de ne tirer que lorsque les résultats doivent être
efficaces ; il ne faut pas oublier, en effet, que le nombre
de cartouches portées par les hommes est limité et que
toute consommation de munitions diminue la puissance
combative de la troupe. D'autre part, dès qu'on a pris

la résolution de tirer sur un objectif, il faut consommer sans compter les cartouches nécessaires pour atteindre le but, car un tir infructueux affaiblit le moral des troupes amies et augmente en outre le courage de l'ennemi. En tout cas, il est d'une importance capitale de ménager les munitions (plus spécialement aux grandes et aux moyennes distances), de telle sorte que l'on ne manque pas de cartouches pour obtenir un résultat favorable au moment décisif. Le ravitaillement en munitions durant le combat se fait conformément aux règles prescrites par le règlement sur le service en campagne.

200. — Il faut que les mouvements de la ligne de tirailleurs soient du caractère le plus simple, car c'est toujours lorsqu'on est en contact avec l'ennemi qu'ils sont exécutés.

Dans les mouvements exécutés en dehors de la zone battue par les feux de l'ennemi, il est indispensable de maintenir l'ordre et la liaison, tandis qu'à l'intérieur de cette même zone la préoccupation dominante est de se rapprocher de l'adversaire par le chemin le plus court.

201. — Pour utiliser au mieux les obstacles du terrain, il n'est pas nécessaire que les tirailleurs conservent l'alignement et les intervalles. Toutefois, on veille à ce que chaque fraction de la chaîne se maintienne sur sa direction de marche et n'allonge pas son front quand elle se déplace.

202. — Tant que le feu de l'ennemi n'est pas très vif, on peut effectuer de légers changements de direction en marchant obliquement ; mais il est impossible à la ligne de tirailleurs d'exécuter une marche de flanc pendant un long laps de temps en présence d'un adversaire qui tire.

Les changements de front dans la zone battue par le feu de l'ennemi sont absolument exceptionnels. Quand il devient nécessaire de faire effectuer un changement de front à la ligne de combat, les troupes maintenues en arrière en ordre serré doivent être déployées vers le nouveau front et la partie de l'ancienne chaîne qui devient inutile est rassemblée.

203. — Les conditions concernant la nature du terrain et le feu de l'ennemi étant variables pour les différentes parties de la ligne de tirailleurs, un corps de troupe peut parfois avoir la possibilité de progresser en avant plus facilement qu'un autre. En pareil cas, ce corps de troupe ne doit pas hésiter à profiter de l'occasion qui se présente à lui, tant qu'il ne gêne pas le tir des autres fractions, bien que la liaison de l'ensemble de la chaîne puisse ainsi être temporairement perdue.

Il arrive fréquemment que l'occupation d'un point propice par une escouade facilite la marche en avant d'autres groupes.

204. — Les mouvements de la ligne de tirailleurs sont habituellement exécutés au pas accéléré. Cependant, quand il s'agit de gagner une position à la vue de l'ennemi ou de franchir une zone battue efficacement par ses feux, on doit prendre le pas gymnastique ou le pas de course. Si l'espace à traverser est large, les hommes font plusieurs bonds, s'arrêtent tout court et se couchent chaque fois.

Quand les tirailleurs arrivent à portée efficace de l'ennemi, ils s'arrêtent et tirent, puis se préparent à continuer leur marche offensive. Toutefois, il est bon de ne pas prendre, autant que possible, le pas de course prématurément, car les troupes seraient vite épuisées de fatigue.

La distance à franchir en un seul bond varie selon la nature du terrain, l'état de la troupe, l'intensité du feu de l'ennemi, etc. ; mais elle ne doit pas être trop courte.

D'une façon générale, il y a peu d'avantage à faire des bonds inférieurs à 30 ou 40 mètres.

Quand la marche offensive devient de plus en plus difficile, il est parfois bon de diviser la ligne de tirailleurs en fractions que l'on pousse alternativement en avant, dans le but d'assurer la continuité du feu. Mais, si ces fractions sont petites, le mouvement en avant devient plus lent, et en même temps l'uniformité du commandement plus difficile. Pour cette raison on doit éviter, si possible, de diviser la ligne de tirailleurs en fractions inférieures à la section.

205. — Quand la ligne de tirailleurs est embusquée sur une position dont les abords sont battus par un feu efficace, elle a une tendance naturelle à s'accrocher au terrain, et l'on éprouve une certaine difficulté à lui faire reprendre la marche en avant ; cette difficulté s'accentue au fur et à mesure que l'on se rapproche de l'ennemi. Aussi est-il important d'éviter de stationner sur le même emplacement plus longtemps qu'il n'est nécessaire ; il faut chercher continuellement à progresser courageusement.

En un mot, chaque soldat doit bien se pénétrer des principes suivants : la préparation complète par le feu et la marche incessante en avant garantissent seules un bon résultat ; un long arrêt sous un feu exécuté par un adversaire bien couvert produit sans profit de lourdes pertes ; enfin, la retraite équivaut pour ainsi dire au suicide.

206. — Dans l'offensive, après l'assaut, il est nécessaire de rassembler les tirailleurs aussitôt que la poursuite par le feu est terminée et de placer les troupes sur une bonne position, selon les circonstances du moment. Dans la retraite, les troupes ne doivent être rassemblées que lorsque l'ennemi a cessé la poursuite.

On exécute le ralliement quand il est nécessaire de masser des forces sur un certain point durant le cours de l'action.

Front de combat et formation d'échelons en profondeur.

207. — Le front de combat d'une troupe varie selon que cette dernière agit isolément, ou qu'elle est couverte sur un ou sur ses deux flancs par d'autres unités. En outre, la largeur de ce front dépend de l'objectif du combat, de la nature du terrain et de l'étendue du front de l'ennemi.

208. — Si une troupe combat sans être encadrée, il ne faut pas engager la totalité de ses forces disponibles sur la première ligne dès le début ; il est nécessaire de ne déployer ses différents éléments que progressivement, selon les modifications qui se produisent pendant le cours de l'action.

Tant que le combat n'est pas réellement engagé, on peut ne pas connaître complètement la situation générale ; on se trouve en conséquence dans l'impossibilité de prendre les mesures répondant aux exigences du moment. Il est donc bon d'économiser le plus possible les troupes au début de l'action.

Dès que le combat est commencé et que l'on a arrêté les mesures à prendre, il est nécessaire de renforcer, temporairement ou progressivement, les troupes ayant engagé l'action, avec des éléments tenus prêts à marcher, et de conserver aussi en réserve une partie des forces qui sont destinées à parer à toute éventualité et à être mises en ligne au moment décisif. L'effectif de cette réserve ne doit pas être trop faible, bien qu'il varie selon les circonstances.

Il peut se présenter des cas où l'on sera amené à faire

ultérieurement une nouvelle répartition des forces, si par exemple il devient nécessaire de flanquer spécialement quelque point ; mais cette nouvelle répartition ne sera pas nécessaire si la réserve peut parer à cette éventualité.

Le front de combat sera habituellement élargi par les troupes de l'arrière portées sur la ligne de feu.

Si le front du corps qui engage le combat est trop étendu, il arrivera inévitablement que la ligne de feu prendra une extension trop grande et que plusieurs unités seront mélangées, au début de l'action.

Pour cette raison, lorsque l'on prend ses dispositions pour le déploiement, il ne faut pas perdre de vue les moyens de conserver le front initial et répartir les divers échelons en conséquence.

On peut déployer beaucoup de monde de front si les deux flancs sont à l'abri d'un mouvement enveloppant de la part de l'ennemi.

209. — Quand, dans le combat, une troupe a ses deux ailes appuyées, elle n'a pas à se préoccuper de ses flancs; en conséquence, son chef peut déployer immédiatement un effectif très élevé sur la première ligne, la réserve n'ayant plus qu'à concourir à l'action de front.

Si une troupe n'a qu'une seule aile appuyée, il convient, dans beaucoup de cas, d'échelonner des forces en profondeur derrière l'aile menacée.

210. — Une infanterie bien instruite peut, même si son dispositif n'est pas profond, repousser un adversaire qui exécute une attaque de front. Toutefois, le flanc qui n'est pas appuyé à un obstacle du sol ou à d'autres corps n'est pas en sûreté et doit en conséquence être couvert au moyen d'un échelonnement judicieux en profondeur.

211. — Si les soutiens se trouvent derrière le centre du

front de combat, ils doivent être maintenus à une distance assez grande pour ne pas être influencés par le feu que l'ennemi dirige sur la première ligne, mais assez près cependant pour avoir la possibilité d'être employés avantageusement, le cas échéant. Si donc les circonstances le permettent, ces soutiens doivent être placés en arrière d'une des ailes de la ligne de feu.

Sauf dans le cas où la réserve est destinée ultérieurement à une mission spéciale, le choix de son emplacement doit être dicté par les circonstances du moment et par la nature du terrain ; elle sera le mieux placée en arrière du flanc contre lequel est à prévoir une action décisive de la part de l'ennemi. Si la réserve est établie en arrière du centre du front, il lui faudra, si la nécessité s'impose de l'envoyer à l'un des flancs, perdre beaucoup de temps pour exécuter ce mouvement qui, en outre, devra généralement se faire sous le feu de l'ennemi.

212. — La distance des soutiens à la ligne de feu est variable selon la nature du terrain, les circonstances du moment et surtout le but de l'action.

Dans le cas où la réserve est placée en arrière d'un flanc, la distance et l'intervalle doivent être augmentés en raison de son effectif, en tenant compte de son emploi ultérieur.

La distance dans le sens de la profondeur doit être grande si la région est découverte et si l'on n'a pas l'intention de livrer un combat décisif. Bien que, dans l'offensive, il soit impossible d'éviter le feu de l'ennemi, il faut avoir soin de ne pas placer deux échelons en profondeur à une distance telle l'un de l'autre qu'ils soient susceptibles d'être frappés simultanément par les mêmes gerbes de balles de shrapnells et par le même feu d'infanterie.

La distance minima à adopter dans ce cas est d'environ

300 mètres. De plus, quand un combat décisif est imminent, cette distance doit être progressivement réduite, car le temps nécessaire pour amener la décision est généralement très court et c'est précisément alors qu'il est urgent d'avoir rapidement à sa disposition les troupes qui n'ont pas encore été engagées.

Si la région est couverte, la distance peut être réduite, car, dans ce cas, il est fréquemment nécessaire de renforcer rapidement la première ligne.

213. — Les troupes de soutien devront autant que possible être en ordre serré et choisir une formation répondant à la nature du terrain et permettant de marcher avec facilité. Toutefois, elles ont avantage à prendre une formation à large front quand elles sont exposées au feu de l'ennemi.

Chefs et soldats.

214. — Seule, la volonté du chef dirige les actes des troupes. Si la volonté du chef manque de fermeté, sa décision vacille de temps à autre ; il en résulte que le commandement devient désordonné et amène de l'hésitation parmi les hommes.

Pour prendre sa décision, le chef doit tenir compte de la mission dont il est chargé, de la nature du terrain et des circonstances du moment. Toutefois, c'est la mission imposée au chef qui sert de base à sa décision, et ce dernier ne doit montrer aucune hésitation en ce qui concerne l'exécution de sa mission, sous prétexte que le terrain serait défavorable, que la situation de l'ennemi ne serait pas connue, etc.

Des incidents pénibles, des souffrances, des privations et des spectacles terrifiants sont absolument habituels sur le champ de bataille. Le chef doit donc avoir une grande force de caractère s'il veut éviter des désastres et obtenir le succès.

215. — Tout chef doit mettre à exécution sans hési-tation les mesures répondant aux exigences du moment dans la sphère de son commandement, selon l'état du combat, car l'inaction et l'hésitation sont beaucoup plus funestes que l'exécution d'une décision même fausse.

216. — Durant le combat, tous les chefs doivent veil-ler au maintien de la liaison mutuelle et de l'ordre, et à une coopération judicieuse avec les autres troupes. Le chef supérieur doit surveiller ses troupes de telle sorte que ces dernières lui restent en main. Quant aux chefs en sous-ordre, ils doivent agir de leur propre initiative sans s'entêter à attendre des ordres, et, après avoir exé-cuté la tâche qui leur incombait, rejoindre rapidement leurs propres unités, ou chercher à se mettre à la dis-position de leurs supérieurs pour de nouvelles missions.

La part d'initiative à laisser à chaque chef doit devenir plus grande à mesure que la zone de l'action s'élargit et que les phases de cette dernière prennent un plus grand développement. En conséquence, tout chef doit chercher surtout à s'acquitter de sa propre tâche dans sa sphère d'action, en n'attachant qu'une importance secondaire à la surveillance des détails. Cependant, les chefs en sous-ordre doivent agir selon les désirs de leurs supérieurs ; il ne leur est pas permis de commettre une faute due à leur obstination.

Une initiative judicieuse, si elle est exercée dans ces limites, produira des résultats favorables dans un combat.

217. — Pour diriger le combat, le chef donne des or-dres fermes et nets, en tenant compte de l'importance de son commandement et des circonstances du moment.

Il est parfois avantageux d'envoyer d'abord les troupes dans la direction ou sur la position indiquée au moyen de simples ordres verbaux et de donner seulement ensuite des instructions détaillées.

En tout cas, il faut éviter de faire venir à un point éloigné de son commandement le chef d'une troupe déjà engagée, auquel on aurait des instructions à donner.

218. — En règle générale, un supérieur donne ses ordres au chef placé sous son commandement immédiat. Toutefois, si c'est nécessaire, il est permis de s'adresser directement aux intéressés sans passer par la voie hiérarchique. Dans ce dernier cas, il est nécessaire d'en informer immédiatement les autorités intermédiaires.

219. — Le choix des endroits où se tiennent les chefs est d'une grande importance.

Quand l'ennemi est très proche et qu'un combat est imminent, il est bon que le chef soit sur le front, car il est ainsi en mesure d'apprécier par lui-même la situation de l'ennemi et la nature du terrain ; il a, dès lors, la possibilité de diriger d'une façon très judicieuse le déploiement initial et d'avoir tous les avantages sur son adversaire en prenant de bonnes dispositions en temps opportun.

Durant le combat, le chef choisit un emplacement d'où il puisse observer l'état de l'ennemi, surveiller ses troupes, voir les corps voisins et veiller à ce que les ordres, rapports, etc., soient expédiés et reçus avec promptitude.

220. — Tous les chefs doivent rester en liaison non seulement entre eux, mais aussi avec leurs supérieurs et leurs subordonnés directs ; ils prennent, dans ce but, toutes les mesures nécessaires. Quand la distance est grande, il est très avantageux d'employer le téléphone.

Aussitôt qu'on a reconnu la situation de l'ennemi, la nature du terrain et tout ce qui peut avoir de l'influence sur le combat, on doit en rendre compte rapidement.

221. — Le chef doit, avant le commencement du com-

bat, reconnaître la situation de l'ennemi et la nature du terrain, dans le but d'arrêter ses dispositions.

222. — Pendant le combat, c'est une grande faute de faire entrer successivement en ligne des renforts trop faibles pour les exigences du moment. En agissant ainsi, on obligerait une troupe à combattre constamment contre un ennemi numériquement supérieur. Cette manière de faire équivaut à abandonner l'avantage que donne la supériorité du nombre ; non seulement elle occasionne des pertes, mais elle nuit aussi à l'ardeur des troupes.

223. — Dans le cours de l'action, le chef doit employer la réserve, soit pour livrer un combat décisif au point voulu, soit pour faire face à toutes les éventualités. L'emploi judicieux de la réserve exerce donc une influence sérieuse sur l'issue du combat.

224. — Le chef a constamment soin d'utiliser le terrain et de diriger en conséquence les mouvements de ses troupes sous le feu de l'ennemi. Toutefois il ne lui est pas permis, pour satisfaire à cette exigence, de ralentir la marche en avant ou d'affaiblir l'intensité du combat, ou enfin de sortir des limites qui lui ont été fixées.

225. — Généralement, après la victoire, on a une tendance à se contenter d'un succès incomplet ; on hésite souvent à faire une poursuite audacieuse et on laisse ainsi échapper l'occasion de compléter la défaite de l'adversaire. Le chef, sans se laisser influencer par l'état de ses troupes après l'assaut, doit immédiatement exécuter une poursuite à fond dans le but d'augmenter l'éclat de la victoire en exterminant l'ennemi en déroute.

226. — Les commandants de compagnie indiquent à leurs compagnies les objectifs et les mouvements des lignes de tirailleurs. Ils doivent se préoccuper constamment des moyens à employer pour faire progresser et

rapprocher de l'ennemi la totalité ou une partie de la ligne de tirailleurs, ou pour tirer profit des points faibles de l'adversaire. D'une manière générale un chef présent sur la première ligne peut, dans de nombreux cas, reconnaître les avantages que présente la nature du terrain et en déduire la supériorité qui en résulte pour lui ; il doit alors s'efforcer de faire immédiatement le meilleur usage de ces avantages.

227. — Les chefs de section établissent leurs unités sur des positions favorables au tir, se placent personnellement aux endroits leur permettant de surveiller le feu, indiquent les objectifs, soit en se conformant aux instructions qu'ils ont reçues, soit de leur propre initiative ; ils observent constamment les mouvements de l'ennemi ; surveillent la consommation des cartouches de manière que l'intensité du feu réponde aux exigences du moment ; ils s'efforcent aussi d'agir en liaison avec les sections voisines.

228. — Les chefs d'escouade doivent non seulement seconder leurs chefs de section, mais aussi prendre fréquemment le commandement à leur place.

Les chefs d'escouade ont l'obligation de guider leurs hommes dans le choix des emplacements à occuper ; ils sont responsables de l'exécution du feu, surtout du placement des hausses, de la consommation des cartouches ; enfin, de la transmission et de l'exécution des ordres. En outre, ils doivent prendre part personnellement au tir si c'est nécessaire.

Quand le combat dure longtemps, la surveillance du feu devient souvent défectueuse à cause de la mise hors de combat d'un grand nombre d'officiers de la ligne de tirailleurs. Dans de pareils cas, l'action des chefs d'escouade a une influence notable sur la chaîne.

229. — Habituellement les hommes arrivent sur le

champ de bataille après avoir fourni des marches très fatigantes, peiné beaucoup et subi des souffrances et des privations. Ces rigueurs de la vie militaire s'accentuent encore davantage lorsque la bataille dure plusieurs jours et plusieurs nuits, comme c'est fréquemment le cas. Il faut donc que les soldats aient une volonté de fer, du courage, un caractère bien trempé, beaucoup de jugement et une confiance en soi excessive ; ils doivent pouvoir affronter les exigences d'un combat, en surmontant toutes les souffrances et privations continuelles, et en supportant vaillamment les scènes navrantes qui accompagnent le combat d'infanterie.

230. — La tâche que les hommes ont à remplir sur la ligne de tirailleurs est importante et excessivement difficile. C'est dans le but de leur faciliter l'exécution de cette tâche qu'on laisse aux tirailleurs une grande initiative en ce qui concerne la position du tireur, l'emplacement à choisir et l'emploi du fusil. Pour faire le meilleur usage de leur arme, les hommes doivent se rappeler qu'ils n'obtiendront de bons résultats qu'à la condition de faire de leur mieux dans toutes les circonstances : en faisant travailler activement l'œil, l'oreille, l'intelligence, et en agissant de leur propre initiative.

231. — Il est rigoureusement interdit aux hommes de s'arrêter sans ordres pendant la marche en avant, si meurtrier que puisse être le feu de l'ennemi, et si lourdes que soient les pertes. Les soldats doivent bien se persuader que toute retraite conduit à la défaite, tandis qu'une attaque audacieuse et vigoureuse procure la victoire.

232. — Dans la défensive, les hommes doivent résister avec ténacité sur le terrain qui leur est assigné et ne jamais faiblir. Il faut qu'ils soient fermement convaincus que plus l'ennemi est proche, plus lourdes sont les pertes que notre feu lui inflige. Aussi les tirailleurs doivent-ils

économiser leurs munitions pour les consommer à courte distance, alors que l'efficacité du tir est certaine.

233. — Les hommes ne doivent pas perdre leur présence d'esprit, même quand ils ont épuisé toutes leurs cartouches ou lorsqu'ils sont enveloppés et serrés de près par l'ennemi ; il faut alors qu'ils fassent un dernier effort à la baïonnette pour arracher la victoire.

234. — Il est rigoureusement interdit aux hommes de quitter leurs unités sans motifs plausibles. Quiconque reste en arrière des troupes combattantes sans être chargé d'une mission spéciale ou sans être blessé, quiconque aide à porter les blessés sans ordres pendant le combat, ne peut pas échapper au châtiment réservé aux lâches. Si un soldat perd de vue son unité, il rallie immédiatement la troupe la plus proche et obéit aux ordres des officiers ou sous-officiers de cette dernière avec le même empressement qu'à ceux de sa propre unité. Aussitôt que le combat est terminé, il rejoint l'unité à laquelle il appartient.

Tout soldat qui est blessé et mis hors de combat donne ses cartouches à ses camarades et s'éloigne tranquillement de la ligne de feu après en avoir demandé la permission à son chef.

235. — Quand le combat est très meurtrier et présente un spectacle terrifiant, si un soldat est sur le point de perdre courage, il doit, pour se ressaisir, regarder son officier, et si son officier est absent, suivre l'exemple du sous-officier ou d'autres braves camarades.

L'ATTAQUE

Principes généraux.

236. — Les troupes qui marchent à l'attaque déploient tout d'abord l'effectif nécessaire sur leur front. Ce déploiement s'effectue en s'avançant sur plusieurs lignes en partant de la colonne de route ou de la formation qu'avait déjà prise la troupe. En même temps a lieu le fractionnement en échelons.

Quand toutes les unités d'un corps de troupe doivent être déployées simultanément, il est avantageux de les placer à côté les unes des autres, dans l'ordre où elles se trouvaient dans la colonne de route.

237. — Au moment où l'on déploie les troupes, il faut faire en sorte que toutes les unités puissent utiliser la configuration du terrain, et se dérober aux vues et au feu de l'ennemi, tout en se maintenant sur la direction de marche. S'il a été possible d'occuper un bon point d'appui sur le front, on aura l'avantage de pouvoir exécuter, sous son couvert, le déploiement général.

238. — La marche offensive de l'infanterie sera facile si l'artillerie a la possibilité d'écraser les batteries de l'ennemi. Toutefois, contre un adversaire utilisant lui-même le terrain ou protégé par des ouvrages de campagne, l'infanterie n'attendra pas l'issue du combat d'artillerie, mais essaiera de s'avancer pendant le cours de ce duel, car il est, en effet, difficile d'obtenir à temps des résultats décisifs par le seul feu de l'artillerie. La coopé-

ration efficace de l'artillerie favorise la marche de l'infanterie.

Quoi qu'il en soit, l'infanterie doit pouvoir exécuter l'attaque à l'aide de ses seuls moyens quand elle n'a pas à compter sur le concours de l'artillerie.

239. — Bien que les progrès de l'attaque varient selon la nature du terrain et l'intensité du feu de l'ennemi, la troupe assaillante doit s'efforcer de pousser sans cesse en avant la ligne de combat, car plus elle est proche de l'adversaire, plus l'efficacité de son feu est grande.

En tout cas, il est d'une importance capitale d'entretenir un feu supérieur à celui de l'ennemi, dans le but de briser la résistance de ce dernier et de faciliter la marche offensive.

On fait un fréquent usage des outils de pionnier pour conserver et renforcer le terrain déjà conquis.

240. — Si l'on peut effrayer l'ennemi par l'efficacité du feu, on le déterminera fréquemment à renoncer à son intention de résister. Quoi qu'il en soit, un ennemi opiniâtre ne peut pas être repoussé par l'action exclusive du feu ; la troupe assaillante doit donc finalement charger à la baïonnette pour amener la décision.

241. — Seules les circonstances du moment indiquent si la première ligne doit prendre l'initiative de la charge à la baïonnette, ou si l'on doit attendre l'ordre venant du chef placé en arrière. Mais le chef qui se trouve sur la première ligne ne doit pas, le cas échéant, laisser échapper l'occasion de charger ; c'est en effet sur la première ligne qu'on apprécie généralement le mieux les résultats du feu et les autres avantages que l'on peut obtenir. Si la première ligne prend l'initiative de la charge, les troupes qui se trouvent en arrière doivent immédiatement suivre de très près cette ligne et la soutenir.

Le chef qui se trouve en arrière veille à ce que la

charge soit lancée au moment opportun. A cet effet, il fait renforcer à temps la première ligne par les troupes disponibles de l'arrière, ou ordonne directement à ces dernières d'exécuter la charge.

Quand un corps voisin commence l'assaut, il y a avantage à charger aussi, en liaison avec lui si possible, car bien souvent tout le front se trouve au même moment dans les conditions les plus favorables pour agir par le choc.

242. — Si l'ennemi peut être enveloppé, il devient plus facile de rendre notre feu supérieur au sien et de préparer ainsi l'issue favorable de l'attaque décisive. Néanmoins, l'exécution de ce mouvement enveloppant doit être préparée avant le déploiement, soit que la troupe assaillante s'avance en plusieurs colonnes marchant à côté les unes des autres, soit que l'opération soit exécutée en renforçant la ligne de combat avec des éléments fournis par les corps de l'arrière.

Un mouvement enveloppant exécuté en poussant en avant et en étirant la première ligne présente le grave inconvénient d'amener une dissémination des forces qui rend l'opération plus difficile à exécuter, sauf dans le cas où la nature du terrain, particulièrement favorable, permet de dérober le mouvement aux vues de l'ennemi.

Habituellement, on tente le mouvement enveloppant contre l'aile extérieure de l'ennemi ; mais il est parfois possible de le diriger sur un angle saillant non flanqué.

243. — Quand on se trouve dans une région couverte, on doit se préparer principalement en vue du combat rapproché. A cet effet, tous les corps de la première ligne réduisent leurs fronts, prennent une formation serrée et envoient quelques tirailleurs ou patrouilles sur le front et, si possible, sur un flanc ; tous les échelons resserrent leurs distances, et une forte réserve est constituée en ar-

rière d'un flanc. Les mouvements de troupes en formation serrée doivent être, autant que possible, exécutés le long d'une route.

244. — Dans les combats de nuit, l'importance des différents objectifs du terrain est tout autre que dans les combats de jour. L'attaque rencontre de grandes difficultés qui exposent le commandement à prendre des dispositions peu judicieuses ; il est donc indispensable que le chef ait pris ses mesures préparatoires durant le jour, en utilisant tous les moyens à sa disposition. Il doit surtout reconnaître le terrain, fixer l'itinéraire, indiquer l'objectif sur lequel on marchera, la liaison à droite et à gauche, et donner les renseignements nécessaires sur la composition et l'emplacement des troupes amies. De plus, il défend, si c'est nécessaire, de charger les armes.

Dans une attaque de nuit, tout le secret du succès consiste à s'approcher de l'ennemi avec calme, à conserver une liaison mutuelle, à se maintenir sur la direction de la marche avec certitude et à amener la décision à la baïonnette d'un seul coup. En conséquence, les dispositions à prendre en vue de l'attaque doivent être simples ; il ne faut jamais adopter une méthode et une formation compliquées. Le flanc extérieur étant surtout exposé, on le couvre par des éléments tirés des troupes de l'arrière que l'on dispose en échelons ; quant à la réserve, elle est établie à une distance suffisante pour ne pas se trouver engagée sans nécessité dans le tourbillon du combat. Cette réserve est surtout destinée à parer aux éventualités.

En se portant en avant, les troupes de tête observent particulièrement l'allure de la marche et la liaison avec les autres corps ; elles s'arrêtent un instant, s'il le faut, pour rétablir l'ordre et la liaison. Pendant la marche, si l'on est exposé à un feu efficace de l'ennemi, ou si l'on est éclairé par ses projecteurs, il peut être avantageux de se coucher tranquillement de temps à autre, afin d'obliger l'adversaire à diminuer l'intensité de son tir et de détourner son attention. Il n'est permis, dans aucun cas, aux troupes en mouvement de changer leur direction de marche, sous prétexte qu'elles entendent des coups de fusil dans une autre direction.

On peut aussi, dans une attaque de nuit, avoir recours à la fusillade dans le but de détourner du véritable point d'attaque l'attention de l'ennemi.

245. — Il ne faut pas oublier que l'attaque, qu'elle soit exécutée de jour ou de nuit, et quels que soient les moyens employés, ne sera couronnée de succès qu'autant que les troupes seront animées du désir ardent d'attaquer qui les entraîne irrésistiblement en avant, et, en même temps, de la ferme volonté d'aborder l'ennemi pour le terrasser à la baïonnette.

Combat de rencontre.

246. — Dans le combat de rencontre, il est important d'achever son déploiement avant que l'ennemi ait effectué le sien, tout en réservant sa liberté d'action. En conséquence, le commandant des troupes doit effectuer le déploiement de ses forces en se basant sur la situation générale et sans perdre son temps à faire une reconnaissance qui pourrait le renseigner complètement sur l'ennemi et sur la nature du terrain.

247. — Le commandant de l'avant-garde doit agir avec indépendance, sans toutefois que cette indépendance nuise à la liaison mutuelle, et tenir compte de la situation de l'ennemi aussi bien que des conditions dans lesquelles le gros des troupes devra se déployer. En d'autres termes, l'avant-garde exécute son déploiement avant celui de l'ennemi, en occupant parfois un front plus étendu que le front réglementaire d'un corps de même effectif.

Il faut prescrire immédiatement l'occupation rapide des points d'appui nécessaires pour couvrir les positions d'artillerie ou de ceux dont il est avantageux de conser-ver la possession sur le front et sur les flancs, même si cette occupation doit amener l'avant-garde à s'engager. Il va sans dire que la liberté d'action de l'avant-garde ne doit pas sortir de certaines limites, pour ne pas contra-rier les intentions du commandant supérieur. Tous les chefs faisant partie de l'avant-garde agissent aussi en se conformant à ce principe.

Le commandant de l'avant-garde doit être informé en temps opportun des intentions du commandant supérieur.

Les troupes de tête de chaque colonne qui se déploie doivent procurer le temps et l'espace nécessaires aux éléments suivants pour que ces derniers puissent à leur tour se déployer en toute sécurité.

248. — Dans le combat de rencontre, bien qu'il soit nécessaire d'agir rapidement pour obtenir l'avantage de devancer l'ennemi, on ne peut pas donner d'ordres si-multanément, concernant le déploiement du gros des troupes et l'exécution de l'attaque, sauf quand on a re-cueilli des renseignements complets sur la situation du moment.

249. — Le commandant du corps principal doit s'atta-cher à effectuer son déploiement avec ordre et uniformité avant l'attaque. Cependant, dans un combat de cette na-ture, tous les éléments du corps principal doivent être envoyés, dès leur arrivée, sur la ligne de combat, dans le but ou de confirmer les avantages obtenus par l'avant-garde, ou d'exécuter une nouvelle manœuvre avant que l'ennemi puisse prendre de nouvelles dispositions.

250. — Si l'on prévoit que l'ennemi puisse nous devan-cer dans son déploiement, il est nécessaire que le nôtre s'effectue avec plus de précaution que de coutume, de ma-

nière à empêcher l'ennemi de nous envelopper, et aussi à éviter tout combat sérieux jusqu'au moment où des forces suffisantes pourront être déployées ; on n'aura pas ainsi le désavantage de combattre constamment contre un ennemi numériquement supérieur.

Attaque d'une position préparée à l'avance.

251. — Contre une position défensive sur laquelle l'ennemi est déjà complètement déployé, la troupe assaillante a l'avantage de pouvoir choisir à son gré le moment, la direction et le mode d'attaque. C'est pourquoi le commandant doit fixer à l'avance le plan d'attaque.

Les propriétés de la position ennemie auront une influence particulière sur ce plan d'attaque ; on doit donc chercher à les connaître par tous les moyens dont on dispose.

A ce moment, le déploiement doit être effectué sous la protection de l'avant-garde, conformément à la volonté du commandant.

252. — Quand le plan d'attaque est arrêté, le commandant lance les ordres nécessaires et déploie ses troupes en leur faisant prendre un dispositif préparatoire judicieux. Ce dispositif doit être dérobé aux vues et au feu de l'ennemi, tout en se trouvant à une distance assez rapprochée de ce dernier, mais en même temps assez éloigné pour ne pas provoquer un engagement inopiné.

Avant de faire prendre aux troupes leur dispositif préparatoire d'attaque, il faut leur faire connaître le front qu'elles devront couvrir et, si possible, le secteur de la position ennemie qu'elles auront à attaquer. Ces troupes, pour gagner leurs emplacements, n'ont pas besoin de marcher sur le même alignement que les autres corps ; elles utilisent au mieux le terrain.

253. — Tous les corps ayant pris leur dispositif préparatoire doivent marcher à l'attaque selon les intentions du commandant. Comme il est parfois excessivement difficile de traverser la zone balayée par le feu de l'ennemi, il peut être bon, dans certains cas, et si on y est forcé, de profiter de l'obscurité de la nuit pour se rapprocher de l'adversaire. Même dans ce cas, on s'efforcera durant le jour de porter en avant la ligne de combat et de repousser l'ennemi, afin de réduire le plus possible la distance que les troupes auront à parcourir pendant la nuit.

254. — Quand on tente, pendant le jour, une attaque contre une position fortement retranchée, s'il n'y a pas d'autre alternative, il peut être nécessaire de se rapprocher de l'ennemi en occupant des positions successives, afin de gagner un emplacement d'où l'on puisse préparer l'assaut. Cependant, toutes les fois que les circonstances le permettent, on doit s'efforcer de se rapprocher de l'ennemi sous le couvert de l'obscurité.

Dans le second cas, l'emplacement d'où partira la charge est reconnu avec soin et choisi pendant le jour, et l'on fait tous les préparatifs pour la marche offensive.

Pendant la nuit, quand les troupes arrivent à l'endroit choisi, il est nécessaire d'y construire rapidement des retranchements ; il est bon d'apporter des sacs de sable si l'emploi des outils de pionnier est difficile. Les troupes chargées de la construction des retranchements doivent toujours se tenir prêtes à combattre.

Selon les circonstances, les troupes exécutent la charge immédiatement au lever du jour ou la préparent par le feu. Si l'assaut doit être donné au lever du jour, il est nécessaire d'agir d'une façon soudaine et rapide ; on s'efforce de terminer à temps la reconnaissance de la position ennemie et l'enlèvement de tous les obstacles, pour ouvrir la voie à la charge. Cette dernière peut être exécutée directement pendant la nuit si les différents renseignements importants à connaître ont été fournis par les reconnaissances et si les préparatifs sont terminés. Les troupes chargées de donner l'assaut ayant été portées à courte distance de la position à enlever, on se base sur les circonstances pour décider si elles se lanceront à la charge directement de la dernière position, ou si elles continueront à progresser.

Les troupes donnant l'assaut sont pourvues d'outils de destruction, de grenades à main, etc., selon les circonstances ; le choix de ces outils dépend des résultats de la reconnaissance.

La défense.

255. — Dans la défense, il est particulièrement important de faire rendre aux armes à feu leur maximum d'efficacité. En conséquence, il faut choisir une position propice au feu et tirer le meilleur parti possible des villages, hauteurs, bois, défilés, etc. En outre, la position doit être fortifiée par des moyens artificiels.

Si le commandant de la défense a seulement l'intention de tenir l'ennemi en échec, il peut suffire de résister fermement sur la position défensive. Mais si l'on n'a pas perdu l'espoir de vaincre l'ennemi, il faut faire des contre-attaques en même temps que de la défensive.

256. — Il est très rare que toutes les parties d'une position aient une égale valeur. Les points faibles doivent alors être renforcés par des ouvrages de campagne et défendus par des forces plus élevées.

257. — La position est divisée en secteurs, à la défense de chacun desquels on affecte une unité normale et une réserve. Le nombre et l'étendue de ces secteurs varient selon la nature du terrain. Si le champ de tir est défa-

vorable, on constitue de petits secteurs ; quant à leur nombre, on l'augmente si les communications sont difficiles et si le terrain est couvert.

258. — Les ouvrages défensifs sont habituellement construits par les troupes affectées à la défense de chaque secteur ; c'est au commandant des troupes qu'il appartient d'assurer l'uniformité de type de ces ouvrages qui doivent répondre au but général à atteindre. On ne néglige jamais complètement de construire des ouvrages, même dans les cas où leur nécessité se fait peu sentir. Toutefois, si les circonstances viennent à changer, le commandement n'hésite pas à modifier son plan tactique, sans se laisser arrêter par cette considération que des ouvrages sont déjà construits ou en cours de construction.

259. — Il y a avantage à grouper, si possible, les ouvrages défensifs par bataillons, sans constituer une ligne de feu continue.

Pour ne pas laisser à l'ennemi une zone sur laquelle il pourrait s'avancer en toute sécurité, les abords du terrain sont répartis entre tous les secteurs, et des mesures sont prises pour que les angles morts soient flanqués par les secteurs voisins.

Parfois, il peut être utile de construire de faux ouvrages dans le but de tromper l'ennemi sur les forces et les dispositions de la défense.

260. — On dérobe la position le plus longtemps possible aux vues de l'ennemi, en déjouant tous ses efforts pour la découvrir. A cet effet, on pousse des patrouilles ou de faibles avant-postes sur les abords de la position.

Les troupes de la défense ne doivent pas être réparties sur tout le front de la position, tant que la direction de l'attaque ennemie n'est pas complètement connue ; d'ailleurs, il est très rare que le moment opportun du déploiement des troupes soit le même pour toutes les parties de la position.

261. — Les réserves de chaque secteur doivent être établies aussi près que possible du front, selon la nature du terrain ; si c'est nécessaire, on construit des ouvrages pour lesdites réserves.

262. — La réserve générale — c'est-à-dire les troupes qui ne sont employées dans aucun secteur particulier — est rassemblée sur un emplacement lui permettant de prendre l'offensive en temps opportun et avec la plus grande facilité, selon la tournure de l'action et la nature du terrain en général. Cet emplacement sera généralement choisi en arrière de l'un des flancs de la position. En outre, la réserve générale ainsi placée peut plus facilement empêcher l'ennemi d'envelopper ce flanc.

La réserve générale est établie d'autant plus loin sur l'un des flancs qu'elle a un effectif plus élevé. De cette façon, elle disposera pour elle-même d'un espace libre pour attaquer, et elle aura en même temps l'avantage de se trouver, le cas échéant, en dehors de l'aile extérieure de l'ennemi.

263. — Selon que la position aura été judicieusement choisie, que les ouvrages y auront été construits en des endroits propices et que les troupes auront été bien réparties, on pourra réduire les forces nécessaires pour la défense proprement dite et augmenter, par suite, l'effectif de la réserve générale destinée à prendre l'offensive, ce qui donnera de plus grandes chances de succès.

264. — On ouvre habituellement le feu quand l'ennemi apparaît à distance efficace de tir ; mais le moment d'ouvrir ce feu varie selon le but que l'on se propose et le nombre de cartouches dont on peut disposer.

Dans la défensive, il est nécessaire d'avoir une grande quantité de munitions à sa disposition ; c'est pourquoi les cartouches du train de combat doivent être distribuées par avance aux hommes.

265. — Pendant la nuit il importe tout particulièrement de se mettre en garde contre l'arrivée de l'ennemi et de prendre minutieusement toutes les mesures judicieuses permettant de l'arrêter s'il tente une surprise.

Quand une attaque est à craindre pendant la nuit, on fait tous les préparatifs nécessaires en vue d'un tir de nuit dans la zone probable d'attaque. Si l'on s'aperçoit que l'ennemi construit des ouvrages de campagne à proximité de notre position, il peut être avantageux de le gêner dans son travail par de petits détachements.

266. — Ce serait une cause de confusion de faire une nouvelle répartition des troupes au moment où l'on serait attaqué pendant la nuit. C'est pourquoi, lorsqu'on s'attend à une attaque de nuit, il faut établir à l'avance des troupes en nombre voulu sur la ligne de feu et rapprocher les soutiens de la position, en prenant des mesures permettant le renforcement rapide de la première ligne de défense.

267. — Dans la défensive, pendant la nuit, les troupes résistent avec la plus grande opiniâtreté sur leurs secteurs respectifs, car elles ne peuvent compter ni sur une coopération opportune des corps voisins, ni sur l'appui des troupes de l'arrière. Le feu doit être exécuté d'une façon soudaine et rapide dès que l'assaillant arrive à très courte distance.

268. — Dans le combat défensif, on est exposé au grand danger de passer peu à peu à une défensive purement passive et de perdre ainsi toute liberté d'action. Il est donc nécessaire de se déterminer à prendre résolument l'offensive au moment opportun.

Après une attaque couronnée de succès. — La retraite.

269. — Un succès ne peut être considéré comme complet que si, après s'être emparé de la position de l'ennemi, on porte à ce dernier un nouveau coup qui le met dans le désordre le plus complet.

Les troupes qui ont fait irruption sur la position de l'ennemi poursuivent ce dernier de leurs feux, après avoir gagné la lisière opposée de la position. A ce moment, les troupes qui ne participent pas à la poursuite par le feu se réorganisent rapidement, assurent l'occupation de la position conquise et se mettent en garde contre une contre-attaque de l'ennemi, en exerçant la surveillance nécessaire.

Quand, après l'enlèvement de la position, on a massé un grand nombre de troupes formant un objectif vulnérable, il peut arriver que l'ennemi réussisse à infliger, à ce moment, de fortes pertes à cette masse en la faisant canonner par son artillerie.

Aussitôt que l'ennemi sort de la zone battue par nos feux, tous les corps commencent à se mettre en marche et le poursuivent à fond et courageusement, sans cependant que ce mouvement s'effectue au détriment de la liaison mutuelle et de l'ordre.

270. — Le désordre des troupes qui suit une attaque couronnée de succès est particulièrement grand pendant la nuit. C'est pourquoi, il est nécessaire de rétablir l'ordre au plus vite, d'assurer immédiatement la sécurité de la position et de parer à une contre-attaque éventuelle en appelant rapidement les troupes de l'arrière.

271. — Quand le combat prend une tournure défavorable, on doit décider en temps opportun s'il y a lieu de chercher à rétablir la situation, en exécutant une manœuvre décisive, ou de renoncer à la lutte.

La retraite s'effectue dans des conditions plus favorables si quelques corps sont encore échelonnés en profondeur. Toutefois, cette considération ne doit jamais amener à conserver intacte même une partie de la réserve au moment de l'acte décisif.

272. — Il importe avant tout, dans une opération de retraite, de se dégager au plus vite de l'étreinte de l'ennemi, de former la colonne de marche et de constituer une arrière-garde. A cet effet, le commandant en chef des troupes doit faire marcher ses forces sur plusieurs colonnes parallèles, si possible ; indiquer clairement et nettement l'objectif de la marche ; désigner les corps qui devront protéger la retraite, ainsi que l'emplacement de la position de couverture. Quittant alors le champ de bataille, le commandant en chef gagne un endroit propice où il attend l'arrivée des troupes en retraite et leur donne de nouvelles instructions. Tout le reste incombe aux chefs en sous-ordre.

Quand les troupes en retraite forment plusieurs colonnes, le chef de chacune d'elles arrête aussi les premières dispositions pour la retraite et, après s'être personnellement assuré de leur bonne exécution, il quitte ordinairement le champ de bataille pour aller préparer les mesures ultérieures.

273. — La position de couverture doit être choisie en tenant bien compte de la situation et du terrain en général ; elle doit permettre aux troupes en retraite de se rallier d'abord sous sa protection avant de commencer effectivement leur mouvement rétrograde.

274. — Dans le but de permettre à son avant-ligne de sortir du champ de bataille, chaque corps de troupe couvre, si c'est nécessaire, ce mouvement de retraite, au moyen de quelques soutiens ou échelons établis autant que possible sur l'un des flancs de la ligne de retraite.

Ces soutiens ou échelons doivent se tenir aussi près que possible de la ligne de feu, afin d'empêcher par leur tir l'ennemi de se trop rapprocher, ce qui amènerait du désordre sur l'avant-ligne.

D'une façon générale, si les troupes en retraite font de nouveau face à l'ennemi dans le but d'appuyer la troupe de couverture, elles se mettront la plupart du temps dans une situation dangereuse et auront alors beaucoup de peine à se débarrasser de leurs adversaires.

275. — Quand des troupes n'ont plus d'échelons en arrière ou sont repoussées par l'ennemi, il ne leur reste d'autre alternative que de se replier dans une direction faisant un angle droit avec le front de la formation du moment. Elles ne pourront se rassembler et résister qu'au moment où elles seront débarrassées de l'ennemi et sous le couvert des obstacles naturels du sol ou sous la protection d'autres corps.

L'infanterie et les autres armes.

276. — L'infanterie a l'obligation de porter secours à l'artillerie qui se trouve dans son voisinage, toutes les fois que cette dernière est en danger.

277. — Quand l'infanterie, marchant à l'attaque, est obligée de traverser une ligne d'artillerie en action, elle prend certaines mesures pour ne pas gêner, autant que possible, le tir des pièces.

278. — Lorsque l'infanterie assaillante est arrivée à proximité de l'ennemi, le chef de la première ligne doit, dans le but de permettre à l'artillerie de tirer efficacement, faire connaître aux batteries ou aux patrouilles d'artillerie qui se trouvent près de la ligne d'infanterie les positions relatives des troupes amies et celles de l'ad-

versaire, ainsi que la zone battue par les projectiles de l'artillerie amie.

279. — La construction et la destruction des ouvrages de campagne incombent à l'infanterie seule ; mais on doit demander leur concours aux troupes du génie quand il s'agit d'ouvrages spéciaux.

280. — Une infanterie capable de tirer avec sang-froid peut, quelle que soit sa formation, arrêter une charge exécutée par une cavalerie numériquement supérieure.

Une infanterie engagée avec l'ennemi qui se trouve obligée, sous la menace de la cavalerie adverse, de changer de formation ou de ralentir son mouvement, subit déjà, de ce fait, une défaite partielle. C'est pourquoi seuls les corps qui sont considérés comme indispensables pour lutter contre cette cavalerie doivent lui faire face.

281. — Une infanterie, d'un effectif relativement faible, peut compter sur un succès en agissant par le feu contre une cavalerie combattant à pied, surtout si elle peut tirer sur les chevaux tenus en main.

282. — Dans le combat contre l'artillerie, les effets du feu de cette arme sont supérieurs à ceux du feu de l'infanterie, aux grandes distances ; égaux, aux distances moyennes (environ 1.000 mètres) et inférieurs, aux petites distances.

283. — Exceptionnellement il sera avantageux, même aux grandes distances, de tirer sur l'artillerie en marche ou amenant les avant-trains, ou se mettant en batterie. L'infanterie peut encore tirer sur l'artillerie en position ou sur ses soutiens, quand elle peut lui envoyer des feux obliques ou d'enfilade.

Toutefois, il ne faut pas oublier qu'un tir de cette nature exige une consommation de cartouches plutôt grande, eu égard à l'effet produit.

284. — Une infanterie manœuvrant dans la zone battue par le feu d'artillerie doit tout d'abord réduire son front le plus possible, afin de rendre difficile le pointage des pièces. S'il lui est déjà impossible de se soustraire au feu efficace de l'artillerie ennemie, l'infanterie prendra une formation aussi mince que possible, dans le but de se rendre moins vulnérable.

CHAPITRE II

Combat des différentes unités.

285. — Plus une unité est petite, plus rares sont les cas où elle a à agir d'une façon indépendante ; mais, par contre, plus fréquents sont les cas où elle agit dans le cadre d'un corps de troupe plus important. Dans ces derniers cas, chaque unité agit également avec une certaine indépendance, qui toutefois est limitée.

En d'autres termes, chaque unité, tout en conservant quelque liberté d'action, fait en sorte que ses efforts partiels contribuent à l'obtention du résultat final.

Combat de la compagnie.

286. — La compagnie est la plus forts unité qu'il soit possible de diriger dans le combat en tirailleurs.

La compagnie déploie ses tirailleurs sur le front qui lui est assigné ; l'effectif à mettre en ligne est déterminé par la nature du terrain, par le but à atteindre et par les circonstances du moment.

287. — Si toute la compagnie est déployée en tirailleurs dès le début de l'action, il faut faire appel à d'autres unités pour maintenir constamment une intensité de feu suffisante ; il en résulte inévitablement un mélange prématuré des compagnies. Quoi qu'il en soit, il ne faut pas hésiter à déployer toute la compagnie si les circonstances obligent à donner au feu, dès le début, toute son intensité.

288. — Une compagnie, dont les deux flancs sont appuyés, peut ne déployer qu'une ou, au plus, deux sections sur son front, le renforcement ultérieur de la ligne de feu devant se faire par doublement.

Une compagnie dont l'un des flancs est appuyé, ou qui combat isolée, renforce généralement son front par prolongement.

289. — Dans la défense d'une position, on indique à chaque section la zone sur laquelle elle doit se déployer ; des patrouilles, en nombre voulu, sont poussées en avant jusqu'au moment où la ligne de feu doit agir.

290. — Le commandant de compagnie prend la direction exclusive de toute la marche du combat ; il se place sur un point lui permettant de surveiller sa troupe pendant l'action.

Combat du bataillon.

291. — Le bataillon peut mener le combat d'une façon indépendante sur le front qui lui est affecté. A cet effet, le bataillon est divisé en échelons ; il couvre habituellement un front qui ne dépasse pas celui de trois compagnies accolées.

Le chef de bataillon doit déterminer la répartition des compagnies et indiquer à chacune d'elles le rôle qu'elles auront à jouer pour concourir au but commun assigné au bataillon.

292. — Quand le bataillon combat encadré dans une unité plus forte, il peut déployer simultanément dès le début plusieurs compagnies sur son front ; cette disposition présente l'avantage d'empêcher le mélange des compagnies. Par contre, si le bataillon combat isolé, il y a généralement avantage à n'engager les compagnies que successivement.

Combat du régiment.

293. — Le régiment est particulièrement apte à remplir des missions spéciales et à mener le combat dans ses différentes phases, à cause de l'esprit de corps qui l'anime, de l'uniformité de l'éducation, de l'union des officiers et de son organisation.

Le commandant du régiment donne à chaque bataillon la tâche qu'il a à remplir. Dans la défensive, le commandant du régiment peut indiquer à chaque bataillon de la première ligne la zone qu'il a à défendre, et, dans l'offensive, il peut donner un objectu à chaque bataillon.

294. — Le commandant du régiment fixe l'effectif à engager dans les premiers déploiements et désigne les bataillons qui doivent être gardés en réserve, en tenant compte de son front d'action, de la nécessité d'appuyer ses flancs et des mesures à prendre pour diriger judicieusement le combat dans la zone qui lui est affectée. Il doit donner une impulsion favorable à l'action en envoyant en temps opportun, et selon la marche du combat, sur la ligne de feu, les bataillons tenus en réserve.

Combat de la brigade.

295. — La meilleure méthode de répartition des forces pour le combat de la brigade est d'accoler ses régiments sur son front d'action et de donner à chacun d'eux une mission spéciale à exécuter, en leur laissant le choix des moyens à employer pour concourir au but commun. Toutefois, il peut parfois être impossible d'adopter, dès le début de l'action, cette méthode de répartition des forces ; il est d'une importance capitale que l'application

de cette méthode ne puisse, en aucun cas, entraver l'exécution du plan du combat.

Le mélange des régiments ayant de nombreux inconvénients, il doit être interdit, sauf quand il est inévitable.

296. — Le front de combat de la brigade ne doit pas avoir une largeur supérieure à environ 1.000 mètres lors du premier déploiement.

297. — Le commandant de la brigade garde avec lui au moins un bataillon quand la nature ou le but du combat obligent à conserver une réserve.

Paris et Limoges. — Imp. milit. Henri CHARLES-LAVAUZELLE.

www.ingramcontent.com/pod-product-compliance
Ingram Content Group UK Ltd.
Pitfield, Milton Keynes, MK11 3LW, UK
UKHW031746170726
13836UKWH00002B/912